어머니의 강

감꽃마을에
감꽃이 피면
청시가 열린다

어머니의 강
임화선 첫시집

초판 1쇄 인쇄 · 2025년 10월 25일
초판 1쇄 발행 · 2025년 10월 31일

지은이 · 임 화 선
펴낸이 · 김 영 만
펴낸곳 · 지성의샘
등록번호 · 2011. 6. 8. 제301-2011-098호

주소 · 서울시 중구 을지로 14길 16-11(2층)
편집부 · (02) 2285-0711
영업부 · (02) 2285-2734
팩 스 · (02) 338-2722
이메일 · gonggamsa@hanmail.net

ⓒ 2025. 임화선, Printed in Korea

값 13,000원
ISBN 979-11-6391-092-3

어머니의 강

임화선 첫시집

지성의샘

■ 작가의 말 ■

*감꽃마을에
감꽃이 피면
청시가 열린다*

감나무가 온 동네를 뒤덮고 있는 감꽃마을에 태어나 시인의 길을 걷기까지, 25여 년이 흘렀다. 비로소 이제야 첫 시집 『어머니의 강』을 세상에 내놓게 되었다.

첫시집 출간을 위해 원고를 안고 출판사를 가는 길이 하필이면 장춘단로 동국대 앞을 지나게 되었다.

그 순간 《해동문학》으로 추천을 해준 김창식 선생님의 얼굴이 떠올랐다. 시인이자 수필가이신 선생님은 동국대학교 국문학과를 졸업하고 문학의 길을 걸으셨다. 그러나 안타깝게도 2025년 3월에 이미 타계하셨다는 소식을 들었다.

김창식 선생님은 《부산해동문학》 월례회 때 김상훈(시조시인, 부산일보 사장) 시인은 대학 동문으로 바빠서 자주 만나지 못한다고 하면서 몇 번이나 김상훈 시조 시인을 자랑스레 말씀하곤 하셨다.

지성의샘 출판사 대표로부터 《해동문학》을 맡아 출간한 바 있고, 98호로 폐간되었다는 이야기도 듣는다. 《해동문학》 발행인 정광수(시인, 평론가, 동국대학교 불교대학, 동 교육대학원 졸업) 선생님도 2024년 11월에 작고하셨다는 소식을 출판사에서 전해 들었다.

20여 년을 시 창작을 지도해 주신 유병근(시인, 수필가) 선생님도 2021년 4월에 아흔의 나이로 영면에 들었다. 부산방송통신대 스터디 강의실에서 마지막 시 수업을 마치던 날 화명역까지만 모셔다드렸던 일이 아직도 마음에 남는다. 그날 양산 자택까지 모셔다드렸더라면 내 마음이 훨씬 더 가벼웠을 것이라는 생각이 든다.
  첫시집을 내면서 《해동문학》이 문학사의 한 획을 긋고 있다는 생각에서 한동안 멍하니 앉아 있다.
  부산에서 문학 활동을 이어오던 영남여성문학회, 부산여류시인협회, 부산수영구문화예술회문인회, 부산해동문학회, 부산동서문학회, 두레박문학회, 청안문인협회 등 문학회의 이름과 함께 활동한 동인들의 이름이 주마등처럼 스쳐 지나간다.
  첫시집 『어머니의 강』 해설을 써 주신 권갑하 박사님께 감사드린다. 고향인 청도문인협회에 가입하며 민병도 시조 시인을 만나 시조를 쓰기 시작했고, 청안문인협회에서 이광녕 박사님의 강의를 들으며 시조의 시 세계를 더욱 깊게 관조하게 되었다.

  2025년 《청안문단》 여름호를 통해 시조로 등단한 것도 이러한 인연들이 이어준 은혜로운 길이 아닐까. 감꽃마을에서 시작된 여정은 수많은 인연의 흐름 속에 그 물줄기가 『어머니의 강』으로 모여 한 권의 시집이 되었다. 이 모든 시간과 사람들이 나의 문학적 뿌리이자 길잡이였기에 더욱 깊은 감사의 마음을 바친다.

2025년 10월 23일
曳林 임 화 선 올림

■ 차례 ■

· 작가의 말 _ 4

제1부 생명의 노래

구절초 _ 12
상사화相思花 _ 13
복수초로 피었다 _ 14
매화가 피었어요 _ 16
수국 _ 17
금관화 _ 18
자운영 _ 19
노루귀 _ 20
달개비 _ 21
담쟁이덩굴 _ 22
며느리밑씻개 _ 23
산매발톱 _ 24
박꽃 _ 25
고란초 _ 26
강아지풀의 꿈 _ 27
음악 치료사(Music Therapist)인 딸을 가진
엄마와 딸의 대화 _ 28

제2부 존재의 거울

바람은 나무를 흔들어 깨웁니다 _ 30
겨울나무 _ 31
백운동 계곡 _ 32
강둑 _ 35
비슬산에 올라 _ 36
봄 · 2 _ 37
낙대폭포 _ 38
폭포 _ 39
그 겨울 _ 40
봄 · 3 _ 41
겨울비 _ 42
겨울비 · 2 _ 43
겨울새 _ 44
바다 _ 45
너덜겅 _ 46
재두루미 _ 47
감척을 기다리는 어선 _ 48
섬진강 은모래 _ 49
물의 의미 _ 50
물푸레나무 _ 51
느티나무 _ 52

우리들의 나무 _ 53
목리 _ 54
장마 _ 55
이 또한 지나가리라 _ 56

제3부 사랑의 자취

어머니 _ 58
아버지의 수염 _ 59
풍경 · 1 _ 60
풍경 · 2 _ 61
풍경 · 3 _ 62
풍경 · 4 _ 63
목련이 지던 날 _ 64
잔디 _ 65
풍경 · 5 _ 66
한하운의 詩碑 옆에서 _ 67
거울 앞에서 _ 68
어머니의 강 _ 69
돌사탕 _ 70
동해에서 불을 지피다 _ 71
낙동강을 바라보며 _ 72

제4부 길위의 풍경

청룡포 _ 74
다시 찾은 청룡포 _ 75
청룡포역 _ 76
두무진에서 _ 77
지훈문학관 _ 78
낙동강 _ 79
사곶해변에서 _ 80
보수동 책방 _ 81
네바강 _ 82
넵스키 거리의 카페 _ 83
푸시킨의 생가에서 _ 84
천년의 오늘이 산책을 한다 _ 85
만리장성 _ 86
이화원 _ 87
러시아의 이틀 동안 _ 88
백령도에서 _ 89
콩돌해안은 _ 90
낙화암에서 _ 91
고란사에서 _ 92

제5부 영원의 울림

무상無常 _ 94
빛으로 _ 95
영원의 길목에서 _ 96
물푸레는 두 눈을 부릅뜨고 _ 97
너덜 _ 98
폭포·2 _ 99
강가에서 _ 100
돌의 소리 _ 101
별빛을 건너 _ 102
침묵의 끝 _ 103
고요의 집 _ 104
별을 묻다 _ 105
소리 없는 노래 _ 106
저편의 시간 _ 107
낡은 의자 _ 108
무의도 _ 109
구슬로 받아 적는 삼베 짜는 이야기 _ 110

• 해설 - **꽃과 영원의 미학** / 권갑하 _ 113

제1부

생명의 노래

구절초

오월 단오에
다섯 마디까지 크고
구월 구일에 아홉 마디가 크면서
선모초라 부르기도 하는
구시월에 꽃을 피우는 구절초
줄기 끝에 하나씩 가을을 이고 있다
땅속뿌리가 옆으로 뻗으면서
뿌리에서 새싹이 나온다 뿌리에서
나오는 잎은 깊게 얕게
발목과 무릎과 허리에 매달려 있다
해가 잘 비치고 물이 잘 빠지는
입지가 좋은 곳에서 잘 자라는
국화과의 다년생초
잎과 줄기 밑에 달리는 잎은
날개깃처럼 갈라진다

꽃채로 말린 향기를 담은 유익한 꽃차는
꽃을 보는 어머니의 마음으로
혀끝으로 음미할 때 이웃과 소통하는,

상사화 相思花

잎이란 보호막이 없었다면
오히려 걸리적거렸을 것이다
그래서 잎이 먼저 피는가 보다
잎이 지고 나면
꽃이 피어나고
잎은 꽃을 만날 수 없어
평생을
서로
그리워하며 살아가는가 보다

복수초로 피었다

호락호락하지는 않았다 땅속의 세상은, 맨살로 스며
드는 한기 같은 것은 빡세게, 더 빡세게, 복수의 칼
날을 갈았다 복수의 집념으로 날을 세우고

땅속의 살얼음이 고개를 빳빳하게 쳐들 때마다
살얼음 꽃에
추운 겨울나기
허연 무서리 같은 얼음꽃이 날 선 칼날로 필 때마다
그는 날마다 노랗게 날을 세웠다

캄캄한 땅속에서
낮달을 보며 내가 미처 보지 못했던,

밤의 북두칠성 옆에서 유난히도 밝게 빛나던 별이
노랗게 익어갈 때도
땅속의 별들은 노랗게 살점을 뜯었다 땅속은 참 캄
캄하기도 했다

달빛에, 문살을 드러낸 창호지에 먹물이 튕겨 누렁
이빨을 드러낸 누렁개보다 더 누렁 그림자 막막한

도시의 땅을 비켜나지 못했을 때도 그는 복수의 칼날만 세웠다 노랗게 살점을 감춘 땅에서

달빛과 창호지와 나, 복수의 일념으로 먹을 갈고 날 선 날로 복수의 땅에서 겨울 땅속을 유영한다 겨울 땅 살점을 뚫고

노랑, 순한 복수초로 피었다

매화가 피었어요

매화가 피었어요
누구에게 전할까요
알만한 사람은 다 아는데
매화가 핀 줄도 모르고 멀리
저 멀리
이국땅에서
매화, 꽃 소식을 기다리는
그 사람에게는
매화 소식도 전할 수가 없어요

오늘의 인터넷 창을 열어 보아요

수국

조카 얼굴 같은 수국이 피었다
뜰 안이 환하다 수국 정원을 이룬다
형형 빛깔 수국이 피어
수국 같은 수다를 떤다
수국이 활짝 웃는다 언제나
활짝 핀 수국 한 다발 주세요
라고
문자를 보낸다
수국이 환한 몇 동 몇 호로

수국, 그녀가 세상에 갓 태어났을 때
그 할미는 축하 꽃다발 수국 한 아름 안고 왔다

금관화

지금 막 피는 금관화 속에는 천년이 들어 있다
천년 신라의 황금기인가 금관의, 금관가야인가
어제가 천년이라면
유리상자를 통해 본 천년
금관화를 다시 본다
신라와
금관가야의
경계선에 핀 황금빛 꽃술이 정사正史를 쓴다
아니 야사野史를 쓰고 있다
꽃잎 몇 장이 터질 때마다
통일신라의 찬란한 꽃을 피운다

금관을 쓴 천년이
천년 사직의 꽃을 피우고 있다

자운영

붉어서 눈에 띄는 집을 짓고
그건 아니라고 긍정이 부정으로
부정이 긍정으로
어찌려고 어찌하려고
논바닥을 가득 메우고도
어찌려고 어찌하려고
말을 아끼며
눈으로 묻는 말은 눈으로만 답한다
소박하게 태어나
꽃 거름으로 살기 위해
꽃으로 살다가는 길에
옮기는 걸음마다 사뿐히 옮겨 앉아서
곧 쏟아질 것만 같은 붉은 눈물

서러움에
매무새 갖추고 더 붉은 꽃을 피운다

노루귀

산기슭 그늘 짙게 드리워진
한적한 절 마당에서
꽃망울 터뜨리는 소리에
귀 기울이다 마음의 눈을 뜬다
보일 듯하다 보이지 않는
눈뜬 아픈 사랑 마주하고
시퍼렇게 멍든 잎사귀에 절명하다
온몸 사린 목마름에
거친 숨 몰아쉬며 종종걸음으로
한걸음에 달려와
땅속으로 깊게 뿌리를 묻는다

바람결에 떨쳐낸 키 작은 꽃 피우며
양지에서 봄이 봄을 잉태하고 있다

달개비

잉크로 쿡쿡 찍어서 편지를 쓴다 잉크색으로
잉크색 꽃잎 노랑 수술이 말을 건다
언제 적 달개비였던가 까마득한
적막 속 사방을 둘러본다
앉은뱅이책상에서 밤에만 쓰는 편지
마음속 잉크로만 쿡쿡 눌러썼다
양면지에
그것이 무슨 이야기였는지는
나도 모른다
다만 쪽빛이라든가
남색 잉크라는 것밖에는
가늘고 긴 펜촉에서
잉크 방울이 뚝뚝 떨어진다

닭의장풀 양면지 위로
다만 내가 달개비라고 불렀던,

담쟁이덩굴

제목보다 더 짧은 詩도 있다
제목보다 더 짧은 詩를 쓰기 위해
담장을 기어오른다

며느리밑씻개

가시 달고 분홍빛으로 태어나
물 한 모금 못 얻어먹은 듯
누렇게 뜬 잎
시어머니 눈치 보며
한여름에 오롯이 가슴을 연다
다소곳하게
길섶에 앉아
그 옛날 가마 타고 시집가던
고개에서
잔꽃 잔가시 달고
소박맞은 며느리밑씻개
애잔한 꽃
담홍색 새악시로 곱게 피어난다

산매발톱

8월이 없는 8월이
고산지대에 앉아 있다
한 포기 산매발톱을 피우기 위해
한길에서 8월이 없는
8월을 피우지 못해
8월을 쫓아서
매발톱은 고스란히 혼자 떠난다
산에서
봄에는 봄꽃으로 살다가
8월에 주저앉아서
꽃진 자리 그 흔적을 지우며
오로지
산매발톱으로 살아간다

박꽃

박꽃 피는 저녁이 더 고즈넉하다는 어머니
할아버지 돌아가셨을 때
백 프로 나일론 하얀 한복을 입고
큰집 대문 문지방을 넘어설 때 어머니
흰 손수건으로
박꽃 같은 하얀 눈물을 닦을 때 어머니
박꽃은 하얗게 피었다
우윳빛 달빛에 박꽃은 희게도 피었다
달빛이 박꽃을 보듬고
박꽃이 달빛을 보듬고
박꽃이 달빛을 끌어안는다
달빛이 박꽃을 끌어안는다

갸웃한 허리 곱게 휘어진 몸매
파마기 없는 긴 머리
뒤로 묶어 올린,

박꽃이 피었다

고란초

낙화암 가는 길에서 고란사로 가던 날
고란초가 고란초를 심었지요
여긴 은유법이 적합한가요 푸른 강에 저문
고란초는 고란사와 함께 살더이다
낙화암의 고란초는 백마강을 지키더이다
흰 치마폭을 뒤집어쓴 삼천궁녀는 의자왕을 위해 살다
몸을 날렸다지요 황산벌의 전투가 백마강에
호수 같은 맑은 마음으로 궁녀의
절개를 지켰다지요 강과 궁녀는 이제 한 몸이 되었
지요
말없이, 절개가 가는 길을 지켜드린
그곳이 부소산이라는 걸 비로소 깨달은 부소산의
낙화암과
나와
백마강, 고란사는 강에다 고란초를 심었지요
저물어도 저물지 않는,

강아지풀의 꿈

강아지풀은 느티나무를 잘 지키고 있다
성흥산성*에 뿌리내린 백제의 꿈
강아지풀은 백제의 꿈을 노래한다
백제의 꿈을 꿈꾸던 산성에서
느티나무는 산성을 지키고
백제의 꿈을 키우며
강아지풀은 풀씨를 퍼뜨린다

* 충남 부여군 임천면 군사리 산 1-1(성흥로 97번길 167)

음악 치료사(Music Therapist)인 딸을 가진 엄마와 딸의 대화

딸이 보내준 택배를 병상에서 기다리다가 택배가 오
지 않아서 엄마가 딸에게 전화를 건다
지금은 전화를 받을 수 없다는 문자가 왔다
전화를 끊고 전화를 기다리는데
'치료 중'이라는 짧은 문자가 도착했다
딸은 '어제까지만 해도 멀쩡했는데'라고 생각하면서
'어디 아프냐'라고
문자를 넣었다.
한참 있다가 다시 문자가 왔다.
'음악 치료 중'이라는
문자였다.

"깜짝, 놀랬잖아."

바로 그때 택배가 도착했다.

'택배 잘 도착했다'

제2부

존재의 거울

바람은 나무를 흔들어 깨웁니다

어제는 충주호 기슭에서
내 삶을 나무가 흔들어 깨웠습니다
살가운 바람이 불어와
잠결에서 깹니다
옥순봉은 죽순처럼 마디가 생겨
옥순봉을 차라리 죽순봉이라 불렀더라면
꼭 옥순봉이라 하니
봉 하나 놓치지 않으려고
죽죽 뻗은 바위를 골똘히 쳐다봅니다
바람이 나무를 흔들어 깨웁니다
바람은 무거운 어깨도 살짝 흔들어 줍니다

겨울나무

뼛속 깊이 숨은 나무가 결실을 맺는다
왕성한 시절의 열정이 식어
나무의 힘은 사그라지고
사그라들다
사그라질수록
기온이 내려가는 겨울
거리의 사람들은 두꺼운 외투를 걸친다
손등의
굳은살만큼이나 굳은
겨울나무의 겨울은 춥다
거북 등짝처럼 갈라 터진
나무 등 껍질
혹한 눈바람에 더 단단한 몸이 된,

겨울나무는
골똘한 생각에 잠긴 그리움이다

백운동 계곡

1
어제는 오늘을 알 수 없어
내일은 더욱 알 수 없어 가슴을 열었다
넓은 어깨 너머 노다지로 흘러내리던
물줄기 부여잡고
천석泉石으로 누운 사지목 들머리 돼지소
챙이 소에 얽힌 전설의 한 씻겨 내리고
한낮의 등천대에서
피어오르던
물보라 가슴팍에 안겨도 보았다
미동도 하지 않던 사내
쪼아대는 여름 한 빛은 당할 수가 없었던지
허연 허벅지 살 드러내고
알몸으로 드러누웠다
그건 아무래도 괜찮았다
요란하지도 않은 채 바위에 몸을 숨긴
청초롱 물보랏빛 용담의 자태
그 유혹은 떨칠 수 없어
육단폭포 반석에
물 화살로 쏘아대던 백옥 화강암

남명*이 읊던 백운동의 숨결 한 마리 학이 되었다

2
등천대 물방아는 돌지 않았다
사내는 꼼짝도 하지 않았다
그건 사랑도 아니다
추억은 더욱 아니다

3
묏등 없는 무덤 앞에 홀로 앉았다
고향 앞산 무덤가에서 보았던
할미꽃이 돋아나 올 것만 같았다

4
백운리 돌부리
냉기가 돌았다
초가을 햇살이 졸고 있었다

5
다홍빛 개옻나무 가지 꽃

웅석봉에 태양이 붉게 솟았다

6
점촌 마을에 떨감이 익을 때
까치도 놀라서 달아났다

7
백운리에 소문이 났다
돌담 밑 습지에 메밀꽃이 피었다구

8
사지 목 들머리 억새야
칠순을 넘긴 어머님이 오신다
백발이 성성한 아버님이 생전의 모습으로 걸어 오신다

*남명 조식(曺植, 1501~1572) 선생은 조선시대 실천적 지식인으로 퇴계 이황과 함께 영남학파의 쌍두마차로 철저하게 재야에 묻혀 살다 간 선비다. 한문 연구에 몰두 산천재에서 학문에 힘쓰며 한문을 가르치며 백운동 계곡을 벗삼아 한시를 읊었다고 함.

강둑

둑길만큼이나 오래된 이야기가 있다
강아지풀
메꽃이 그러하다
흙먼지가 뽀얀 메마른 둑길에는
숱한 자국이 지나간 흩어진 길이 있다

그곳에는 그들만의 다양한 질서가 있다
운율이 있다 리듬이 있다

비슬산에 올라

사람들은 인산인해를 이룬다
산을 오르는 길에는
군데군데 군락을 이룬 집들이
너도나도 앞다투며 빼꼼히 내다보고 있다
이른 아침 산기슭에서 피톤치드를 마시며
길을 따라서 숲길을 걸었다
마지막 주 빙하기 후대에 형성된 지형으로
세계에서 가장 규모가 큰 암괴류를 만났다
생각지도 않은 곳에서 만난 기암괴석이 절경을 이룬다
해발 천 미터의 높은 지역에서 천상 화원이라 불려질
정도로 진달래꽃은 진풍경을 이룬다

비슬산 해발 천 미터 참꽃밭에 진달래꽃은
나 지금 여기 서 있다고 말한다

봄 · 2

까치 발걸음으로 봄이 온다
온몸을 움츠리다가도
겨울 땅속에서 실눈을 뜨고
동굴 속에도
봄의 소리에 기지개를 켠다
땅끝에서 땅끝으로 붉은 손 내밀고
오롯이 묽어지는 눈빛
모란이 핀다
자목련
백목련
새처럼 나뭇가지에 걸터앉은 자목련이 핀다
홍조를 띤 얼굴 발그레 붉히는
동백나무 사이로
동박새가 날아다닌다

매화가 꽃자리에 터를 잡았다

낙대폭포*

절단하고 있다
하늘과 별
구름 사이를
소나무
풀 모두 선잠에서 깨어 있다
내 손아귀에 움켜쥐고 싶은
소素
깎아지른 절벽에서 떨어지는 물줄기
햇볕에 반사되어
흰빛의 비단 같기도 하다가
때로는 꾸미지 않고 수수하게 차려입은
소沼
폭포수 물방울이 어깨를 부딪치며 등을 다독이는
약수 물소리
울창한 계곡의 바람소리
물줄기를 세차게 후려치며 바위를 박살 내고 있다

나는 아무 생각이 없다

  * 낙대폭포 : 경북 청도군 화양읍 범곡리.

폭 포

아래로 아래로만 쏟아지는
폭포
오르기만을 좋아하는 사람에게는
잠언이 된다
지푸라기라도 잡고 싶어
버둥거리는
사람들
폭포는
오히려 아래로 흘러내려
뭇사람들의 박수를 받는다
떨어지는 묘기에 익숙한 폭포

지리산 속에서 만난
무재치기 폭포수가 쏟아진다

그 겨울

바람이 불어온다 문풍지의 틈새 사이로
성급한 바람이 지나가고
혹독한 겨울이 지난다
견딜만하다
지나가는 것은 견딜만한 길이고
기억이고 아름다운 이름이다
산촌에도 눈 내리는 겨울이 있다
뚜벅뚜벅
눈은 발자국을 찍으며
아무렇지도 않게 쉬이 내리던 그 겨울
아버지의 함자 중에서
클 태泰 목숨 수壽처럼 획수가 많아도
지난겨울은 따듯했다
언제나 따뜻하기만 하던
아버지,

그 겨울의
눈발 속으로 오고 있다

봄 · 3

산호초에도
성게 말미잘에도
갯벌의 주꾸미에도
문득문득 살가운 봄이 온다
펭귄의 걸음걸이로
남극에서 북극해의 오로라로
여행지로 꼽아 보았다
나목으로 서 있는 겨울의 창 너머로
스모그를 제거하고
꾸역꾸역 새 우물을 파고
그동안 즐겨 심었던
온갖 것들을
오존층에다 파종하련다

곧 산다화가 필 것 같다

겨울비

자꾸 봄을 재촉한다

겨울비 · 2

스스럼없이 찾아온다
한파를 동반한 빙판 위로
방한모를 쓰고 온다
두터운 겨울을 신고 온다
청둥오리처럼 물 위를 걷는다
입었던 외투를 벗어 던진다
겨울 떠날 채비를 한다
유별나다 따뜻하다
겨울에 오는 비는 겨울에
이제
곧
소포가 도착한다

방금 도착한 소포를 뜯는다

겨울새

겨울은 머리를 조아리고
스스로 겨울나는 법을 익힌다
길을 만들고 살 집을 짓고
어정쩡한 공중에 매달려 낯붉힌다
마을을 한 바퀴 돌아본다
추위 따위는 아랑곳하지 않는다
새에게는 오작동 없는
하늘을 나는 가벼운 몸짓
계산기 없이도 살아가는 그들은
두 발로 걷다가
수시로 공중으로 날아간다
겨울을 나는 겨울새는 겨울을 안다
날개가 있어
날개를 달고 계절을 찾는다
겨울새는 겨울을 찾아
어디론가 날아간다 날아온다
기러기가 떼를 지어 공중을 날고 있다

더 높은 곳에서 유선형의 겨울을 난다

바다

도무지 입을 열지 않았다
세상을 통째로 삼킨 입속으로 기어들었다
산이 있고
물이 있고
골짜기에는 추억의 바위가 촘촘히 박혀 있다
바위에 숨어 사는 해삼, 소라
가재는 물때에 찌들린 삶을 말리고
PC방에서 메기는 물고기 떼와 당구를 친다

날을 세운 칼날
노도에도 끄덕없는
바다 속의 집

천년을 늙어도 꾸미지 않는 신비
그 집에는 닉네임이 살고 있다

고약한 냄새도 소금물로 담금질한
소독된 입은
여전히 꾹 다물고 있다

너덜겅

너덜, 너덜, 너덜 돌, 바위
너덜겅에 주저앉아
사람들이 가는 길에
징검다리 되어
내 한 몸 내어주고
너덜 돌 가는 길
너덜 길이라면
너덜 길 가는 길에
내 죽어서도 너덜겅이 된다

재두루미

무언가를 골똘히 생각하며 외발로 서 있다
너무나 생소하여 아무것도 가르쳐주지 않는
홍천강이 겸연쩍어
꼬치꼬치 캐묻기도 싫고
돌팔매질만 한다
쏟아놓은 붉은 그리움에 우거진 풀들이
낫질하다 역류하는 붉은 강
강을 흘러가는 강의 역사 그 보따리 풀기에는
왠지 서먹하다 무더위로 익어서 강물은
뜨겁기만 하구나
늠름한 재두루미는 넋을 잃고
강으로 흐르는 물살
한바탕 소동이라도 벌어질 것 같다
뿔뿔이 흩어진 저 강물 이젠 꼭 돌아올 것만 같은
생각에, 재두루미는 그저 강을 지키나 보다

강물은 얕아도
물살이 붉은 강물만 물끄러미 보고 있다

감척을 기다리는 어선

너는 밧줄에 묶여 수의를 걸치고 흐느적거리고 있다 바다는 자신의 몫을 챙기고 안목으로 가늠할 수 없는 경계선은 목을 조여온다 쉴 새 없이 파도는 밧줄을 난도질하고 있다 자갈치아지매의 말라버린 눈물은 폐선의 몰골로 버티고 서 있다 노여움을 삭히며 바다는 침묵하고 파도는 바다 한 곳의 검은 물체를 삼키며 딸꾹질하고 있다 벌겋게 달아오른 일출은 새 천년의 벽두를 벗기며 서슬 퍼런 파도는 폐곡선을 그리고 있다

섬진강 은모래

은모래 반짝이는 섬진강 백사장에
신발을 벗어 던져 버리고
걷고 싶다
바람이 속살거린다
은사시나무 가지 같은
섬섬옥수에
햇빛에 반사된
모래 말곤
아무것도 보이지 않네

물의 의미

비 새는 양철지붕
빗물은 느낌표로 온다
눈물에도 있는 빗물
빗물도
눈물이라고
물의
그 세계는
서로 말하며
의미를 부여한다

물푸레나무

물푸레나무가 이른 새벽에 초인종을 누른다 물푸레나무 껍질의 성질은 차다 그 맛은 쓰다 물푸레 가지는 에스쿨린이라는 성분이 파란색을 띄기에 수청목이라고 부르기도 한다 그 가지는 오르세 미술관에 소장된 클레드 모네의 '칠면조'의 목과 같다 인상파의 빛 효과로 자유롭게 구사한 칠면조와 어우러져 물푸레가 웅덩이에 매달려 있다 물푸레가 두레질을 한다 물푸레는 책 속에 서 있다 물푸레는 민얼굴로 줄을 긋는다 보기 드물게 물푸레가 모자를 쓰고 있다

느티나무

느티나무는 느티나무 고향이 있다 느티나무 아래 잠을 자는 방랑자에게도 느티나무 고향이 있다 느티의 느티도 꿈이 있다 개울물이 흐른다 개울물에는 눈치 빠른 송사리 떼가 통발을 만든다 통발을 빠져나가는 송사리 떼, 송사리 떼를 놓친 통발의 콧등에는 송골송골 땀방울이 맺힌다 송곳니처럼 뾰족한 잎사귀의 손이 손을 내민다 한결같은 느티나무 문이 열린다 고단한 촌로가 한숨을 돌리고 느티나무 그늘에 앉았다 이제는 긴 여정의 방랑을 끝내고,

마을 어귀에서 속 깊은 그늘을 내주고
올여름 땡볕은 맨몸으로 막아준다

우리들의 나무

어디 갔나, 연두가 싫어 청록이 되었나
말없이 그늘을 만들어
우리 곁을 지켜 주시던 나무
울타리를 만들어 항상 우리 곁에서 머물다
우리 곁을 떠나지 않겠지
내 곁에서 언제나 지켜 주실 것만 같았던
나무
대수롭지 않게 생각하고 살았다
너무도 믿고 살았다
생명이 있는 것은 언젠가는 떠나가는 것이다
이 철칙을 모르고 살았다
나무야 불러본다
미치고 싶도록 절규해 본다 미쳐 나가고 싶다
이 순간 나무를 향해 서 있다
내 곁을 떠난 나무는
떠난 이후로
두 번 다시 돌아올 줄 모른다

나무를 뿌리째 뽑아
가슴에 묻는다

목리

저절로 되는 법은 없다 연륜으로 쌓아가는
나무의 나이로 지속되어지는 어수선함도 없다
망령도 횡령도 지분도 없는 무늬를 만든다
나무에 새겨지는 나이테로 근삿값을 만든다
줄기나 가지에 나타나는 나이테의 동심원
원주율 파이를 생각한다
웅덩이에 돌을 던진다 물결이 파문을
일으킨다 파문이 일면서 무늬가 생긴다
사람도 무늬가 있다 원주율이 있다
나이테의 수가 무늬가 되어 고스란히 찍힌다
주위를 가지런하게 다듬는다 원주율과 원주율 사이
그다지 무리수를 두지 않고
모순 없는 나무의 무늬로 이어지는
원주율로
계산된

끌로 조각하지 않은 천연무늬의,

장마

전화를 끊자, 숨이 멎었다
하늘은 노란색으로 변했다
이내 골방에서는 어깨를 들썩거리며
우는 소리가 들렸다
크게 우는 사람은 아무도 없었다
파도가 거세게 밀려왔다
유년의 바다 뿌연 안개에 휩싸인
철조망은 생과 사를 조율하고 있다
마른하늘에 무지개빛 천둥 번개가
바위를 때리고
오두막에는 흰 쌀밥을 먹던 고양이가 울었다
꿈이다
예감은 그대로 맞았다
비는 소나기가 되어 아스팔트에 강물처럼 번졌다
나는 그 강가에 서 있다

장마는 차라리 바람이 되어
내 모자를 강물에 날려 보냈다

이 또한 지나가리라

꽃이 아무리 아름다워도
마음이 편치 않으면
그 꽃이 보일리가 없다

어려울 때
가장 힘겨울 때

아무 도움도 줄 수 없음에 한탄하며
그대에게 전할 수 없소이다

사람이 살면서 이러한 일들이
어디 이것뿐이랴

이 말이
그 어려운 순간을 이겨내게 하더이다

이 또한 지나가리라

제3부

사랑의 자취

어머니

젊은 시절을 보낸 바닷가를 다시 찾는다
젊음을 기억하는 바다에

동해의 수평선을 바라보며
되뇌던 그 말

파도의 푸른 출렁거림을
그대로 받아들인

나는 늙었지만
바다는 그대로다

아버지의 수염

아버지의 턱에는 보리까끄라기 같은 꺼칠한 것이 나 있다 부산하던 아버지의 수염이 까맣게 익어갈 때쯤에서야 아버지의 수염은 아버지의 턱을 떨치고 달아났다 아버지의 코밑수염이 까맣게 자라도록 나는 아버지에 대해 별로 아는 것이 없었다 내가 기억하는 것은 아버지의 말년에는 날마다 새벽같이 쇠죽을 끓이고, 면도를 하시고 들에 나가셨다가 어스름 초저녁 달이 떠올라서야 집으로 돌아오시던 것이 고작이다 콧수염보다 더 깊게 자라나는 아버지의 세월 옆구리에 아버지에게는 내가 유일한 맏딸이다 나무와 집 온갖 지저귀는 새들과 그들이 쉴 수 있는 둥지는 아버지의 바지런함 덕이었다 실개천을 따라 졸졸졸 흘러내리는 시냇물은 아버지를 졸졸 따라다니는 자식 같은 것이었다 시냇물 같은 것이었다 아버지의 염원처럼 옥수수수염이 자란다 아버지에게는 아버지의 수염이 자란다 내가 자란다 내 안에서도 아버지의 염원처럼 아버지의 수염이 자란다
아버지의 유일한 수염이 마르고 닳도록 아버지의,

풍경 · 1
― 장님 할머니

무궁화호 기차표를 들고
플랫폼을 빠져나가는
키 작고 뚱뚱한 장님 할머니가
손자 같은 친절한 지팡이에 매달려
소곤대는 목소리로 묻는다
무궁화가 새마을보다 더 빠르지
할머니 새마을이 더 빠르지
어째서 무궁화가 더 빨라요
주거니 받거니 하면서 걸어가는
장님 할머니와
친절한 지팡이가 발걸음을 재촉하며
에스컬레이터로
플랫폼을 빠져나간다

장대비가 퍼붓는 날이었다

풍경 · 2
—저도 할머니와 할아버지

노인과 바다의 실제 모델을 닮은
저도楮島˚ 할머니와 할아버지는
고혈압과 당뇨병을 가지고 있는
한 쌍 부부다
입원 중인 할머니와
병간호하는 할아버지
수술실에서 수술받아야 하는 날
할머니의 혈압과 당의 수치가 높아
수술도 받지 못하고
혈압과 당의 수치를 조절하며
혈압과 당의 수치만 내리기만을 기다리고 있다
좌우지간 수술만이라도 할 수 있다면 하고는
할아버지의 구릿빛 얼굴에 굵은 주름이 꿈틀거린다

암병동 11층 입원실
지는 해가 방안을 훔쳐보고 있다

*저도(楮島) : 경남 사천시 마도동 168번지. 대통령 별장이
 있는 곳

풍경 · 3
—인어 같은 사람

페타이어 같은 두 다리는 감추고
꼭 인어같이 생긴 다리를
꼬리표처럼 달고
살아 움직이는 인어 같은 사람이
땅 쪽으로 누인 아랫배에 힘을 주고
양푼이 동전 그릇도 인어가 된 몸으로
인어 같은 사람에게 매달려간다
서글픈 동전 몇 닢이나
고작 천 원짜리 한 장 던져주는 사람들을 향해
녹음된 확성기에서는 유행가 가사가 흘러나온다

명절을 앞두고
사람들로 붐비는 어시장

동냥 그릇 속에는
인어가 살아 움직이고 있다

풍경 · 4
―노인과 비둘기

비둘기가 산딸기를 쪼아 먹는다
햇살은 늦은 겨울 문턱에서
아직 무거운 외투를 걸치고 있다

장기를 두고
신문을 보고
커피를 마시고

둘레둘레 둘러앉아 하릴없이
노인은 곁에서 훈수를 둔다

장기를 두고
신문을 보고
커피를 마신다

공원에는 땅거미가 지고
저녁 해가 뉘엿뉘엿 지고 있다

목련이 지던 날

아직도 봄날은 기억한다
하얗게 소복 차려입고 소박하게 피던 목련을
뽀송뽀송한 솜털로 지키며
겨울을 이긴
반듯한 옷소매 가슴에 담아
무거운 짐 벗어 던지고 홀연히 떠나던 날
총성이 울린다 목련이 떨어진다
나는 보았다
그냥 볼 수 없었다
피비린내 나는 봄날은 진동해도
냄새도 맡지 못한다
차마 말로서는 할 수 없는
잔인한

꽃샘바람에 목련이 떨어지던 날
봄날에 새로운 편지를 쓴다

잔디

우리들 나무 한 그루의 카톡 속에는
아버지와
엄마의 무덤이
잔디를 곱게 입었다
엄마 어디 갔나 엄마
엄마, 어디 있어 우리들의 엄마
아버지와 함께라면
왜 찾아
나도 너희 아버지하고 살아야지
한 번도 말한 적 없던 엄마가
네다섯 살 때
너를 안고 초소로 출근하던
아버지의 등
초소는 사라지고
지금은 그 언덕에 전봇대만 서 있는
동해, 지경 바다의
언덕배기로 오르던
아버지의 뒷모습이 자꾸 보인다고
흑백필름처럼 들추던 엄마

무덤의 잔디가 엄마처럼 곱다

풍경 · 5
―그게 다른 거야

뉴스 시간에는 언제부터인가
강남이 떠오르다가
압구정이 떠오르는데
유명한 압구정동엘
몇 번 가 볼 일이 생겼다
아무것도 다를 것이 없는데
차라리 오래된 아파트는
부산, 남천동
삼익아파트나 별반 다를 게 없는데
왜들 난리지

맞다
맞아

집값이 어마어마하게 비싸다고 하지
그게 다른 거야

한하운의 詩碑 옆에서

나는 그를 모른다 시인이라는 것밖에
는
나는 더 이상 알고 싶지 않다
는
말[言]만 되풀이할 뿐
묻지 않는다 시비詩碑는
왜
땅바닥에 드러누워 있는가 라고 묻지 않듯이
한센병, 그가
왜
천형天刑인가 라고

그 어디선가
보리피리 소리 들린다

거울 앞에서
― 프란체스카의 참빗

역사 속에
묻힌
파란 눈을 가진
프란체스카의 유품 중에서
손때 묻은 참빗
거울 앞에서
보석처럼 빛난다

어머니의 강

지금은 아무 할 일이 없다
뒷마루로 밀려난 빈 그릇처럼
그저 삼시 세끼 밥 먹고
시간 맞춰 약 먹고
시간 되면 운동하고 잠자리에 든다
일곱 식구를 위해 아무 일도 없다는 듯이
날마다 어느새 다 해치워버린
그때의 소박한 모습은 어디 가고
어머니의 아이가 어른이 되는 사이
어머니는 언제부터인가
뒷방 늙은이로 자리 잡았다
아이가 장에 간 어머니를 기다리듯
어머니는 이제 어른이 된
딸을 기다린다 어린아이같이 순수한
어머니의 강 저쪽

억겁의 시간을 떠안은 채
강물은 풀려가는 쪽으로 흘러간다

아무도 모르는 강물처럼 말없이 채워진
강은 어머니다

돌사탕

어머니, 돌사탕
깨물어 주네
깨물어 먹네

동해에서 불을 지피다

짐을 꾸린 사람들은 서해로 가고 있다
왜 동해로 가고 있을까 나는
철책선 없는 경계선은 바다이다
초소가 있다 어촌마을 언덕배기에는
어머니가 고향에 다니러 간다고 집을 나선다
왜 따라나서지 않았을까 나는
출퇴근길 아버지는 나를 안고 언덕을 오르내린다
골덴 잠바 작은 삼각형 꽃무늬 꿈속에서
어머니와 고모님의 목소리를 듣는다
눈을 뜬다 곶감을 가지고 두 분이 오신다
아버지의 필체는 아버지의 훤칠한 키를 닮았다
집채만한 파도는 하늘에 맞닿아 있다 내 눈에는
어선 한 척이 지나다 가져다준 서너 마리 갈치
해녀들이 따다 준 전복 해삼도 입 짧은 밥상
갈치 한 토막이 늘 밥상에 놓여 있다
어선 덕이다
밍크고래가 떼 지어 몰려다니는 동해바다

아버지는 여태껏 살을 태우고
나는 불을 지피고 있다

낙동강을 바라보며

빛바랜
긴 광목천을
길게 늘어뜨린 어눌한 몸짓으로 꿈틀댄다

옥양목 저고리 옷고름을
풀어헤친
어머니의 품속처럼 푸근하다

구름이 머리를 풀어 헤치고 온몸을 휘감는다
한때는 거센 소용돌이에 휘말렸다가
썩은 악취에 몸살을 앓기도 하다가
죽음의 늪에서 허우적거릴 때
어디선가 호루라기 소리가 들리는 듯

강물은
아직도 천년을 더 흘러갈
그 강물을 따라갈 뿐이다

제4부

길 위의 풍경

청룡포

물이 사방을 둘러싼
섬 같은 땅
그곳에 유배 온 임금의 그림자가 서린다

안개 자욱한 아침,
강물은 천년의 이야기를 실어 나르고
버드나무 가지는
임금의 한숨을 흔든다

청룡포의 바람 속에서
나는 갇힌 자유를 본다
돌아갈 수 없는 길을
강물이 대신 걸어가고 있었다

다시 찾은 청룡포

세월이 흘러도
강물은 여전하다
다시 찾은 청룡포
슬픔의 그늘 아래
그날의 한 맺힌 숨결을 만난다

끝내 돌아가지 못한 영혼은
장릉에서 고이 잠들다

청룡포역

한때는 수많은 사람들이
오고가던 작은 간이역
지금은 텅 비어
바람만이 객차처럼 드나든다
레일에 남은 녹슨 철마의 숨결
그곳에서도 청룡포의
긴 그림자는 드리워져 있다

두무진에서

깎아지른 절벽 기암괴석
그 사이로 파도가 부딪친다
하얀 물보라가 하늘에 닿아
억겁의 바위를 감싼다

두무진의 바다는
성난 파도에 휩싸여
울부짖으며 달려들 듯하다가도
금새 잔잔해진다

바위에 기대어
그 목소리를 듣는다
바다와 절벽이 지은
장엄한 책 읽는 소리가 들린다

지훈문학관

손때 묻은 책 냄새가
복도에 가득하다
한 권의 시집에서
지훈의 목소리가 들려온다

마을 어귀 은행나무는
아직도 시인을 기다리는듯 서 있다
문학관의 고요 속에서
한 시대의 울림을 만난다

낙동강

강물은 쉼 없이 흐른다
돌아오지 않는 시간을
실어 나르듯
낙동강은 묵묵히 흘러간다

강둑에 서서
어린 날의 기억을 본다
낙동강은
사람들의 슬픔과 기쁨을
모두 품고 있다

사곶해변에서

모래밭 위에
비행기가 내린다
하늘과 바다가 하나로 어우러져
바닷물이 얇게 흘러든 해면은
거울 같아서
구름과 물결은 윤슬로 반짝이고
해무가 짙은 해변을 걸으면
발자국은 파도가 따라와서 지운다
썰물 때에는
자연이 주는 완전한 활주로가 되는
사곶해변은

단단한 비밀을 간직한 채
아직도 평평하게 누워 있다

보수동 책방
—헌책

책 냄새가 코끝에서 진동한다
헌책방들이 즐비한 골목을 들어서면
누군가의 젊은 날
손때가 묻어 있는 헌책을 넘기면
누군가의 눈물이
책갈피에서 떨어진다
젊은 날 가끔 찾던 보수동 헌책방 골목
오래된 책 중에서
그 원본을 만나기라도 하면
그것이 보물보다 값진 것이다
보수동 책방 골목은 기억의 박물관

때로는 그곳에서 헌책을 찾아 어슬렁거리던
내 젊은 날을 찾기도 한다

네바강

차가운 밤 얼음 위로
밤하늘 별빛이 흘러내린다
네바강은
푸시킨의 시를 안고
천천히 흐른다

낯선 강가에 서서
이방인의 발자국을 남긴
강물은 묵묵히
그 흔적을 지운다

넵스키 거리의 카페

카페의 작은 테이블 위
푸시킨이 마시던
뜨거운 홍차 한 잔
창밖에는
눈 내리는 넵스키 거리가 펼쳐져 있다

푸시킨의 숨결이
카페 유리창에 서려
러시아의 거리
겨울 안에서
시인의 체온을 느낀다

푸시킨의 생가에서

벽에는 초상화
책장에는 오래된 고서가 눈길을 끈다
책상에는 닳아버린 펜촉
텅 빈 의자에 앉았던 그는 떠났지만
푸시킨의 시는 아직 살아 있다

생가의 창문을 열면
바람이 싯구를 들려준다
나는 그 바람 속에서
시를 쓰는 그의 손길을 본다

천년의 오늘이 산책을 한다

경주의 남산길 노천박물관에서
돌부처와 석탑은
천년의 오늘을 걷고 있다

그 길을 따라가며
역사의 발자취를 더듬었다
돌아보니
오늘은 천년의 그림자가
나와 함께 걷고 있다

만리장성

3월에 눈이 내린다
끝없이 이어진 성벽
그 위에 서면
고단한 숨결이
돌마다 새겨져 있다

돌아갈 수 없는 먼 길
이어진 성곽은
인간의 집념이 쌓아 올린
하나의 거대한 시이다

내일은
또 다른 시를 쓴다

이화원

넓은 호수 연못에
연꽃잎이 어른거린다
황제의 정원은
지금은 사람들의 발걸음으로 붐빈다
이화원의 바람 속에
중국의 역사가
겹겹이 피어 있다
장랑은
고전문학에 나오는 장면들을 회화로 묘사한
정교하게 장식된 산책로이다
최대의 야외 미술관이라 일컫는
장랑의 긴 복도를 따라
나도 가고 있다
긴 복도를 따라
걷는 마음이 오늘따라 편하다

오늘은 내가 이화원이 된다

러시아의 이틀 동안
―발자취를 따라서

성층권의 긴 항로를 따라 이동하는 여행지
클랙슨 소리가 거리를 넘친다
붉은 광장,
성 바실리 성당의 돔 아래 러시아의 서사시가 들려온다
국립 에르미타시 박물관의 궁전 광장
겨울 궁전은 네바강을 곁에 두고
화려한 바로크 양식의 스트로가놉스키 궁전은 활 모양의 네바강을 잡아당기는 듯 서 있다
알렉산드로 푸시킨이 자주 산책한 여름 공원, 북유럽의 핀란드만 옆에 그가
채소밭으로 불렀던 상트페테로브르크의 제일 오래된 정원
여름 궁전엔 푸시킨이 다닌 귀족학교가 있다
카잔성당은 낡은 뼈대를 지탱한 무덤덤하고 기품 있는 고전주의 시대의 시작이다
푸시킨의 발자취를 밟았다
러시아의 이틀은 한 편의 시가 되어 내 가슴에 남았다

러시아의 이틀 동안 발자취를 따라서

백령도에서

갈매기는 발자국을 찍었다

나도 발자국을 찍었다

콩돌해안은

군포의
콩돌해안은
콩을 널어놓은 듯한
콩돌해안은
잘그락거리는
소리에
시간도 잘그락거렸다

낙화암에서

삼천궁녀의
비명은 아직도
백마강 강물에서 허우적 댄다

낙화암 절벽 위에 서면
바람이 불어와
천년의 억울함을 실어 나른다

고란사에서

고란사 뜰에 앉아
고란초를 바라본다
강물은 흐르고 또 흐르고
옛 부여 절집의 고요는
세월을 움켜쥐고

고란사의 종소리는
백마강을 건너
은은히 귓전에서 맴돈다

제5부

영원의 울림

무상無常

모든 것은 스쳐 가도
한 줄 시는 남는다

덧없음의 바람 속에
흩날린 꽃잎이여
잠시 사라져도 다시 피어나

훗날을 기약하는
허공의 자리에
작은 숨결 하나 남긴다

빛으로

어둠을 지나온 것들은
결국 빛으로 향한다

짙은 밤을 꿰뚫은
한 줄기의 새벽빛
상처조차 빛이 되어
다시 길을 연다

영원의 길목에서

끝내 다다를 수 없는
영원의 문턱 앞에서
오래도록 머문다

돌아갈 수 없는 길
멈추어 선 시간 위에
낯선 바람이 불어온다

그 바람 속에서
사라짐의 얼굴을 배운다

물푸레는 두 눈을 부릅뜨고

물푸레나무는 두 눈을 부릅뜨고
우리 곁에 서 있다

산속 계곡에 우뚝 서서
스스로 상처를 껴안고도
푸른 빛을 내던진다

그 단단한 몸 그 깊은 시선은
떠나지 않는 존재의 증언이다

너덜

천년을 부서져 닳고 닳아
겹겹이 쌓여 서로 부둥켜 안는다

발 디딜 틈마다 신발 조여 매는
모서리가 날카롭다

너덜은 너덜겅에 앉아
숨을 고른다

흔들리는 돌 위에서도
너덜 길은 이어진다고

폭포 · 2

가없는 하늘이
천 길 절벽을 넘어
한순간에 쏟아진다

물살은 부서지고
흩어진 비말飛沫은
햇살에 무지개를 걸었다

그 무지개 속에 서서
젖은 옷보다 무거운
내 마음을 씻는다

강가에서

흐르는 물 위에
그림자를 띄운다

바람은 흔적을 지우고
강물은 말없이 기억한다

한적한 강가에 앉아
시간의 발자국을 따라간다

돌의 소리

겹겹이 쌓여 깊이 묻힌 시간
가장 단단한 진실을 품고

잘 다듬어진 어조로
천년의 소리를 듣는다

별빛을 건너

먼 별빛이 흘러와
밤하늘의 어둠을 적신다

그 빛을 따라
잊힌 이름을 찾는다

밤의 강은 은빛 다리를 건너
끝없는 길을 걸어간다

침묵의 끝

아무 말도 하지 못한 채
끝내 흘려보낸 날들

침묵의 강 끝에서
다시 그 소리를 듣는다

세상 모든 울음과 웃음이
한 목소리로 합쳐진
영원의 합창을

고요의 집

돌담 벽 사이
빈집에 바람이 드나든다

그 집 문턱을 들어서면
들리지 않는 소리가 흐른다

고요의 집은
한때의 삶을 만지작거린다

별을 묻다

검은 흙 속에
검푸른 별 하나를 묻는다

사라진 빛이지만
흙은 기억한다

언젠가 다시 떠오를
새벽의 눈물로

소리 없는 노래

들리지 않아도
가슴을 울리는 소리

세상 가장 깊은 곳에서
흘러나오는 울림이다

눈물로 적신 입술에 그 소리는
끝내 소리 없는 노래가 되었다

저편의 시간

저편에 시간이 흐른다
이곳의 시계와는 사뭇 다른

느림과 고요함의 미학 속에서
잊힌 얼굴을 만난다

저편의 시간은 다다를 수 없는
영원의 그림자이다

낡은 의자

길가에 쭈그리고 앉아서 누군가를 기다린다
낡은 의자는
낡은 사람이 앉을 것이다
길 가다가
잠시 쉴 곳이 필요한
낡은 의자는
잠시 앉았다가 일어나도 편안한
낡은 의자 같은
사람이 그리운 날이 있다
오래된 바람이 있다
낡은 기억이 있다

무의도

바닷물이 빠진 바다는
철조망에 걸려 있다

철조망에 걸린 파래처럼
내 시도 널려 있다

파래 냄새가 난다
시는 파래인가 보다

구술로 받아 적는 삼베 짜는 이야기
―그녀는 일등 처자다

삼나무를 베어 와서 가지고 잎을 따고 나서 동을 만든다 삼단을 묶어서 돌 위에 얹어 돌로 달궈가지고 돌 위에 물로 붓고 달은 돌이 피피거려서 김이 삼단처럼 올라오면 삼이 익는다 익은 삼을 톱으로 톱는다 껍데기를 베끼면 겨릅대마골麻骨이 하얗게 나온다 삼을 치자 물을 넣고 쪼개고 삶아서 손톱으로 째가지고 한대(바깥)에 늘어놓는다 삼이 노랗게 바래진다 삼을 걷어가지고 그때 물에 담가가지고 전기다리(징개)를 놓고 삼을 걸어 고정하고 다시 발로 젓을 잡아 당겨가며 이(이빨)로 가르마를 타고 삼 줄기 끝부분을 얇게 만든다 삼 줄기 끝부분끼리 허벅지에 대고 살살 비벼서 새끼 꼬듯이 젓을 만들어 삼 광주리에다가 니리(내려) 담는다 광주리의 젓을 땅에 붓고 한 손으로 물레를 저으면서 한 손으로는 가락에 올린다 가락에 올린 젓을 빼가지고 큰 돌꼇에 올린다 돌꼇에 올린 젓을 빼가지고 삼솥에 다시 쪄서 똥(삼나무 껍데기)을 뺀다 똥을 지어가지고 뭉턱, 뭉턱 황금같이 누런 젓을 물에 씻어 말라가지고 돌꼇에 다시 올려가지고 새로 니리담으면 잉아 실이 된다 베틀에 올려 잉아 실을 걸고 날실 끝을 말코에 매면

베 짜기 준비가 모두 끝난다 뱃대에다가 실을 걸어 놓고 날실을 새로 날고 등겨 불로 피워가지고 말린 다 실이 다 마르면 새로 날실을 쌀로 고운 풀로 젓을 깨로 발라 풀을 먹여 마른 실을 베틀에 올려 도투마리에다가 감는다 도투마리를 깻대(뱁댕이)로 밀어서 훌쩍 밀어 넣으면 도투마리가 구부러진다 도투마리가 구부러져야 실이 풀린다 실이 풀리면 부티 허리로 탁 잡아당기면 도투마리가 바로 서고 베가 짜진다 베틀 위에는 날실을 걸어다가 북 안에는 씨실 꾸리를 넣는다 그녀는 베틀의 앞을 깨미에 앉아가지고 부티 허리를 걸고 베틀신(끌 신)을 신고 발을 앞뒤로 밀고 당기면 날실의 입이 딱 벌어져서 북을 쏙 넣는다 북을 넣어가지고 밀고 땡기면 날실이 딱 입이 벌어져가지고 북을 쏙 넣는다 북을 다시 넣어가지고 북을 이쪽으로 빼면 잉아 실이 나오고 북 바디가 탁 치면 또 베가 짜진다 발로가지고 밀고 댕기면 날실이 딱 입이 벌어져가지고 북을 탁 넣으며 북 바디로 탁 치면 또 베가 된다 베틀에 올린 날실을 북집의 씨실로 베로 짠다 다 짠 베는 부티로 감는다 황금 같은 누런 삼베가 일등 삼베다 일이 얼마나 많은지 모른

다 삼베를 입으면 얼마나 시원하고 좋은지 모른다
베를 짜면 한 필이 된다 베 한 필이 마흔 자

하루에 스무 자(한마루)나 스물두 자의 베를 짜야 일
등 처자가 된다
열 자나 열다섯 자는 보통 처자다

베를 하나도 못 짜고 두루마기를 못 지으면 사람 축
에도 안 보낸다 옛날 그 시대, 내 어머니는 하루에
족히 스무 자의 베를 짰다 두루마기도 잘 지었다

그녀는 일등 처자다

*어머님이 돌아가시기 3년 전에 자료를 입수해야겠다는
생각에서 수화기를 통해서 듣고 바로 받아 적은 글이다.

・해설・

꽃과 영원의 미학
– 임화선 첫시집 『어머니의 강』 시 세계

권 갑 하 (시조시인·문화콘텐츠학 박사)

1. 들어가며

"시는 마음의 진실을 담아 사물과 만나는 순간 태어난다. 사물에 감응해 심성에서 우러나오는 것이 곧 시요, 그 마음이 그 사람의 품격을 드러낸다."

이처럼 한 권의 시집을 읽는다는 것은 단순히 작품 몇 편을 감상하는 일이 아니라, 한 사람의 마음결과 삶의 자취를 더듬어가는 일과 같다.

임화선 시인의 시는 꽃에서 시작해 계절과 바람을 지나며, 가족과 인물의 얼굴에 닿고, 다시 길 위의 풍경과 영원의 문에 이른다. 그 여정은 넓고 깊어, 한 발자국 따라가다 보면 우리는 생명의 빛과 그림자, 그리고 사라지지 않는 사랑의 흔적과 마주하게 된다.

"잎은 꽃을 만날 수 없어 / 평생을 / 서로 / 그리워하며 살아가는가보다"(「상사화(相思花)」)라는 구절에는 만남과 부재, 기다림과 회한이 교차한다. 또 "거북 등짝처럼 갈라 터진 / 나무 등껍질"(「겨울나무」)은 혹독한 세월을 견뎌낸 존재의 초상을 그리며, "빨랫줄에 걸린 빨래처럼 / 온종일 바람에 흔들렸다"(「어머니」)는 문장은 한 생애의 무게를 고스란히 짊어진 모성의 형상을 감각적으로 보여준다.

이번 시집은 자유시가 중심이지만, 시인은 최근 시조 창작에도 깊은 정성을 기울이고 있다. 시조는 우리 민족의 정신과 호흡, 리듬을 품은 시란 점에서 시조를 창작한다는 것은 단순한 창작 이상의 의미를 지닌다. 그것은 우리 것에 대한 애정 없이는 쉽지 않은 일이며, 시와 삶을 하나로 일치시키려는 시인의 철학과 의지를 담고 있다.

꽃의 노래에서 영원의 울림에 이르기까지, 이번 시집은 한 시인의 삶과 정신이 언어 속에서 어떻게 노래로 빚어졌는지를 보여준다. 고요하면서도 단단히 이어지는 이 시집은 결국 시인의 한 생애를 기록한 아름다운 숨결이자 노래이다.

2. 생명의 노래

이번 시집은 꽃으로 시작한다. 여기서 꽃은 단순한 장식적 소재가 아니다. 꽃은 피고 지는 운명 속에서 삶과 죽음, 시작과 끝을 동시에 품는다. 또 만남과 이별을 오가는 기다림의 표정, 시들어도 다시 피어나는 회생의 기운을 상징한다. 그래서 꽃은 순간의 아름다움에 머무르지 않고, 한 존재의 생애와 겹쳐지며 깊은 사유를 불러일으킨다. 결국 꽃은 시인이 세상을 바라보는 창이며 독자가 자신의 삶을 다시 읽게 만드는 거울이 된다.

오월 단오에
다섯 마디까지 크고
구월 구일에 아홉 마디가 크면서
선모초라 부르기도 하는
구시월에 꽃을 피우는 구절초
줄기 끝에 하나씩 가을을 이고 있다
땅속뿌리가 옆으로 뻗으면서
뿌리에서 새싹이 나온다 뿌리에서
나오는 잎은 깊게 얕게
발목과 무릎과 허리에 매달려있다
해가 잘 비치고 물이 잘 빠지는
입지가 좋은 곳에서 잘 자라는
국화과의 다년생초
잎과 줄기 밑에 달리는 잎은
날개깃처럼 갈라진다

꽃째로 말린 향기를 담은 유익한 꽃차는
꽃을 보는 어머니의 마음으로
혀끝으로 음미할 때 이웃과 소통하는,

-「구절초」 전문

여기서 구절초는 단순한 식물이 아니라 한 계절을 짊어

진 존재의 은유다. "땅속뿌리가 옆으로 뻗으면서 / 뿌리에서 새싹이 나온다"라는 구절은 생명 순환의 비밀을 품은 언어로, 땅속에서 솟아나는 희망을 보여준다. 또한 구절초는 단순히 가을의 들꽃이 아니라, 세월의 깊이와 인내의 시간을 상징한다. 뿌리에서 이어지는 새싹은 대를 잇는 생명의 연속성을 떠올리게 하고, 줄기 끝에 하나씩 피어나는 꽃은 마치 한 세대 한 세대를 넘어 피어나는 삶의 증거처럼 읽힌다. 시인이 "꽃채로 말린 향기를 담은 유익한 꽃차"라고 한 대목은, 꽃을 단순히 보는 데 그치지 않고 삶의 양식과 교류의 매개로 확장한다. 구절초 차를 마시는 일은 어머니의 마음으로 이웃과 나누는 행위가 되며, 이는 결국 모성과 공동체의 따뜻한 정서로 이어진다. 따라서「구절초」는 한 송이 꽃의 기록이면서 동시에 계절과 생명의 비밀, 어머니의 사랑, 나눔의 정신을 담은 시적 선언이라 할 수 있다. 작은 들꽃 하나에서 시인은 생명과 사랑의 거대한 울림을 길어 올린 것이다.

잎이란 보호막이 없었다면
오히려 걸리적거렸을 것이다
그래서 잎이 먼저 피는가 보다
잎이 지고 나면
꽃이 피어나고
잎은 꽃을 만날 수 없어
평생을
서로

그리워하며 살아가는가보다

- 「상사화(相思花)」 전문

「상사화(相思花)」는 이별과 그리움의 상징으로 형상화된다. "잎은 꽃을 만날 수 없어 / 평생을 / 서로 / 그리워하며 살아가는가보다"라는 구절은, 꽃과 잎의 시간차를 통해 인간의 숙명적 이별을 비유한다. 사랑하지만 결코 만날 수 없는 관계, 기다림 속에서만 존재하는 정한(情恨)의 세계를 시인은 상사화의 생태적 특성에 겹쳐놓는다.

호락호락하지는 않았다 땅속의 세상은, 맨살로 스며드는 한기 같은
것은 빡세게, 빡세게도 복수의 칼날을 갈았다 복수의 집념으로 날을
세웠다

땅속의 살얼음이 고개를 빳빳하게 쳐들 때마다
살얼음 꽃에
추운 겨울나기
허연 무서리 같은 얼음꽃이 날 선 칼날로 필 때마다 그는 날마다 노
랗게 날을 세웠다
(하략)

- 「복수초로 피었다」 부분

이 시편은 이미지가 강렬하다. 시인은 땅속의 겨울을 "살얼음 꽃에 / 추운 겨울나기 / 허연 무서리 같은 얼음꽃이 날 선 칼날로 필 때마다 그는 날마다 노랗게 날을 세웠다"라고 표현한다. 여기서 복수초는 단순한 봄의 전령이 아니라, 혹한을 뚫고 일어서는 저항과 재생의 상징이다. 이 시에서 반복되는 "노랗게 날을 세웠다"라는 구절은 생존을 위한 긴장과 삶을 향한 집념의 언어다.

꽃의 노래는 곧 생명의 노래다. 「매화가 피었어요」에서는 "매화가 피었어요 / 누구에게 전할까요"라는 단순한 어조로, 먼 이국에 있는 이에게조차 닿지 못하는 봄소식을 전한다. 꽃은 기쁨이자 동시에 부재의 상징이다. 「수국」에서는 "조카 얼굴 같은 수국이 피었다 / 뜰 안이 환하다"라고 노래하며, 꽃이 단순히 자연의 장식이 아니라 가족의 기억과 연결되는 순간을 보여준다. 또한 「며느리밑씻개」에서는 "가시 달고 분홍빛으로 태어나 / 물 한 모금 못 얻어먹은 듯 / 누렇게 뜬 잎"이라는 표현으로, 식물의 생태를 며느리의 처지와 겹쳐놓는다. 이름 없는 들꽃조차 삶의 비극을 품고 있다.

이처럼 1부의 꽃들은 존재의 초상화다. 아름답지만 결코 가볍지 않고, 매혹적이지만 언제나 삶과 죽음의 경계에 서 있다.

3. 존재의 거울

2부에서는 자연과 계절, 지형과 날씨를 통해 내면의 거울을 비춘다. 1부에서 꽃이 생명의 표정을 드러냈다면 자연 풍경은 존재의 깊은 심연을 투영하는 거울이 된다. 계절의 변주와 바람, 산과 강은 단순한 배경이 아니라 시인의 삶을 흔들고 깨우는 목소리다.

> 어제는 충주호 기슭에서
> 내 삶을 나무가 흔들어 깨웠습니다
> 살가운 바람이 불어와
> 잠결에서 깹니다
> 옥순봉은 죽순처럼 마디가 생겨
> 옥순봉을 차라리 죽순봉이라 불렀더라면
> 꼭 옥순봉이라하니
> 봉 하나 놓치지 않으려고
> 죽죽 벋은 바위를 골똘히 쳐다봅니다
> 바람이 나무를 흔들어 깨웁니다
> 바람은 무거운 어깨도 살짝 흔들어 줍니다
>
> -「바람은 나무를 흔들어 깨웁니다」 전문

"바람은 나무를 흔들어 깨웁니다 / 바람은 무거운 어깨도 살짝 흔들어줍니다" 이 구절은 단순한 풍경 묘사가 아니라, 자연이 건네는 따뜻한 가르침이다. 바람이 나무를 흔드는 순간, 나무는 잠에서 깨어나고, 시인 또한 자기 내면의 무거움을 털고 일어난다. 여기서 바람은 각성의 힘이자 위로의 손길이다. 그것은 외부의 자극이지만 동시에 내면의 변화를 일으키는 계기이며, 큰 울림으로 이어진다. 나무와 바람의 관계는 곧 인간과 자연의 관계를 은유한다.

바람은 지나가는 듯 가볍지만, 무거운 어깨를 흔들어주듯 삶의 고단함을 잠시나마 덜어준다. 이 시를 통해 시인은 자연 속에서 발견한 자기 성찰의 순간을 보여주며, 독자는 그 울림 속에서 자신의 삶 또한 비춰보게 된다.

> 뼛속 깊이 숨은 나무가 결실을 맺는다
> 왕성한 시절의 열정이 식어
> 나무의 힘은 사그라지고
> 사그라들다
> 사그라질수록
> 기온이 내려가는 겨울
> 거리의 사람들은 두꺼운 외투를 걸친다
> 손등의
> 굳은살만큼이나 굳은
> 겨울나무의 겨울은 춥다
> 거북 등짝처럼 갈라 터진
> 나무 등껍질
> 혹한 눈바람에 더 단단한 몸이 된,
>
> 겨울나무는
> 골똘한 생각에 잠긴 그리움이다
>
> －「겨울나무」 전문

깊은 성찰의 시편이다. "거북 등짝처럼 갈라 터진 / 나무 등껍질 / 혹한 눈바람에 더 단단한 몸이 된"이라는 구절은, 겨울의 고독 속에서 더욱 강인해지는 존재의 힘을 보여준다. 겨울나무는 단순히 계절적 풍경이 아니라 삶의 고난 속에서 단단해지는 인간의 의지를 표출한다.

자연의 풍경은 곧 인간의 자화상이다. 「백운동 계곡」에서 시인은 "물보라 가슴팍에 안겨도 보았다"라며 물줄기와 한 몸이 된다. 계곡의 청정함 속에서 시인은 시간의 더께를 씻고 새로운 탄생을 경험한다. 「비슬산에 올라」에서는 "참꽃밭에 진달래꽃은 / 나 지금 여기 서 있다고 말한다"고 노래한다. 산은 그 자체로 존재 선언의 무대다.

조류와 동물도 시인의 세계에서 중요한 상징이다. 「재두루미」는 "무언가를 골똘히 생각하며 외발로 서 있다"라는 이미지로 고독 속의 사유를 보여준다. 「겨울새」는 "날개가 있어 / 날개를 달고 계절을 찾는다"고 노래하며, 계절을 관통하는 자유의 형상을 보여준다. 또한 「감척을 기다리는 어선」은 바다의 풍경을 통해 삶의 고단함을 드러낸다. "너는 밧줄에 묶여 수의를 걸치고 흐느적거리고 있다"라는 강렬한 이미지의 첫 구절은, 어선의 모습에서 인간 존재의 운명을 읽어낸 것이다. 바다는 무덤이자 동시에 부활의 자궁이다.

이처럼 2부의 자연시들은 단순한 풍경 묘사가 아니라 존재의 은유이며 인간의 내면적 드라마처럼 펼쳐진다.

4. 사랑의 자취

3부는 가족과 인물을 통해 삶의 깊은 정서를 노래한다. 사랑과 상실, 그리고 기억의 흔적을 따라가며 한 가계의 삶을 그린 시적 기록이다. 1부의 꽃이 생명의 상징이었다면, 3부의 가족은 시인의 세계를 지탱하는 뿌리이자 원천이다. 이 부분은 시집 전체에서 가장 깊은 감동의 층위를 이루며, 독자의 마음을 울리는 핵심 전경을 이룬다. 그 서두를 여는 작품이 「어머니」다.

젊은 시절을 보낸 바닷가를 다시 찾는다
젊음을 기억하는 바다에

동해의 수평선을 바라보며
되뇌던 그 말

파도의 푸른 출렁거림을
그대로 받아드린

나는 늙었지만
바다는 그대로다

-「어머니」 전문

이 시편은 젊음을 보낸 바닷가를 다시 찾는 장면으로 시작한다. "나는 늙었지만 / 바다는 그대로다"라는 마지막 구절은 시인의 내면과 어머니의 모습을 겹쳐 읽게 한다. 바다는 단순한 풍경이 아니라, 어머니와 닮은 영원의 상징이다. 젊은 기억을 품은 바다가 변함없이 남아 있듯, 어머니 역시 삶을 지탱하는 근원으로 자리한다. 파도의 출렁거림을 "그대로 받아드린" 바다는 기쁨과 슬픔을 묵묵히 품어내는 모성의 그릇이다. 결국 이 작품에서 어머니는 시간 속에서도 변치 않는 사랑이자 시인의 생애를 비추는 영원한 거울로 형상화된다.

> 아버지의 턱에는 보리 까끄라기 같은 꺼칠한 것이 나 있다 부산하던 아버지의 수염이 까맣게 익어갈 때쯤에서야 아버지의 수염은 아버지의 턱을 떨치고 달아났다 아버지의 코밑수염이 까맣게 자라도록 나는 아버지에 대해 별로 아는 것이 없었다 내가 기억하는 것은 아버지의 말년에는 날마다 새벽같이 쇠죽을 끓이고, 면도를 하시고 들에 나가셨다가 어스름 초저녁 달이 떠올라서야 집으로 돌아오시던 것이 고작이다 콧수염보다 더 깊게 자라나는 아버지의 세월 옆구리에 아버지에게는 내가 유일한 맏딸이다 나무와 집 온갖 지저귀는 새들과 그들이 쉴 수 있는 둥지는 아버지의 바지런함 덕이었다 실개천을 따라 졸졸졸 흘러내리는 시냇물은 아버지를 졸졸 따라다니는 자식 같은 것이었다 시냇물 같은 것이었다 아버지의 염원처럼 옥수수 수염이 자란다 아버지에게는 아버지의 수염이 자란다 내가 자란다 내 안에서도 아버지의 염원처럼 아버지의 수염이 자란다 아버지의 유일한 수염이 마르고 닳도록 아버지의,
>
> -「아버지의 수염」 전문

「아버지의 수염」 시편에서 수염은 단순한 육체의 흔적이 아니라, 아버지의 침묵과 고집, 세월의 무게를 상징한다. "칼날에 스친 푸른 흔적은 / … / 수염은 또다시 돋아

나 / 아버지의 침묵을 덮었다"라는 구절처럼, 잘려 나가도 자라는 수염은 부정(父情)의 강인함을 드러낸다. 거칠지만 따뜻한 수염은 고단한 삶을 묵묵히 견뎌내며 가족을 지탱하는 힘이다. 시인은 이를 '옥수수 수염, 시냇물'의 생명 순환에 겹쳐 읽으며 자신 또한 그 연속 위에 있음을 고백한다. 결국 이 시편에서 수염은 고통과 침묵을 덮으면서도 끝내 사랑과 삶의 유산으로 남는다.

풍경 연작에서는 주변 인물들이 시적 초상화로 그려진다. 「풍경·1-장님 할머니」에서 "허공을 더듬으며 / 내 얼굴을 어루만지셨다"는 장면은 보이지 않는 눈빛 속 사랑을 감각적으로 형상화한다. 「풍경·2-저도 할머니와 할아버지」는 바닷가 노부부의 일상을 통해 세월 속에서도 꺼지지 않는 눈빛의 사랑을 보여준다.

한편, 「목련이 지던 날」은 상실의 정조가 짙다. "꽃잎이 땅에 내려앉을 때마다 / 어머니의 웃음소리가 들리는 듯"하여, 꽃잎의 낙화를 모정의 부재와 연결한다. 「잔디」 시편에서는 "아버지의 무덤 위 / 어머니의 무덤 위 / 푸른 잔디가 덮어주고 있었다"라는 대목을 통해, 죽음을 품은 자연의 푸름을 노래한다.

5. 길 위의 풍경

4부는 국내외 여행과 지명이 시적 무대다. 길 위에서 만나는 풍경은 단순한 경관이 아니라 그 땅을 스쳐 간 역사와 인간의 발자취를 환기한다. 장소는 기억을 담고 기억은 곧 시인의 체험 속에서 새로운 언어로 살아난다.

> 물이 사방을 둘러싼
> 섬 같은 땅
> 그곳에 유배 온 임금의 그림자가 서린다
>
> 안개 자욱한 아침,
> 강물은 천년의 이야기를 실어 나르고
> 버드나무 가지는
> 임금의 한숨을 흔든다
>
> 청룡포의 바람 속에서
> 나는 갇힌 자유를 본다
> 돌아갈 수 없는 길을
> 강물이 대신 걸어가고 있었다
>
> -「청룡포」 전문

청룡포는 단종이 유배되어 머물렀던 비극의 흔적이 서린 곳이다. "안개 자욱한 아침, / 강물은 천년의 이야기를 실어 나르고 / 버드나무 가지는 / 임금의 한숨을 흔든다"라는 구절은 역사적 현장을 단순한 과거의 사실이 아니라 현재적 체험으로 전환한다.

안개는 유배의 고독을, 버드나무 가지는 무력한 한숨을, 흐르는 강물은 돌이킬 수 없는 세월의 방향을 은유한다. 시인은 이 풍경 속에서 "갇힌 자유"를 본다. 돌아갈 수 없는 길을 대신 걸어가는 강물은 역사의 회환이자 인간 존재의 무상함을 드러낸다. 따라서 「청룡포」는 단순한 여행시가 아니라, 공간에 깃든 역사와 비극을 시인의 현재적 시선으로 되살려낸 작품이다. 풍경은 단순한 외형이 아니라 유배와 자유, 시간과 인간의 숙명을 비추는 시적 거울로 변모한다.

한편 「두무진에서」 시편은 파도와 바위의 충돌을 "바다와 바위가 함께 지은 / 장엄한 노래"라 표현한다. 놀라운 표현이다. 자연의 장엄함이 곧 인간의 운명적 노래로 울려온다.

해외 기행시도 흥미롭다.

> 작은 테이블 위
> 뜨거운 홍차 한 잔
> 창밖에는
> 눈 내리는 넵스키 거리가 펼쳐져 있다
>
> 푸시킨의 숨결이
> 카페 유리창에 서려
> 나는 러시아의 겨울 속에서
> 시인의 체온을 느꼈다
>
> －「넵스키 거리의 카페」 전문

「넵스키 거리의 카페」에서는 "푸시킨의 숨결이 / 카페 유리창에 서려"라는 구절로, 낯선 도시에서 문학적 체온을 느낀다. 「만리장성」은 "인간의 집념이 쌓아올린 / 하나의 거대한 시"라고 선언한다. 장성은 단순한 성벽이 아니라, 인간 의지의 시적 기념비임을 노래하고 있는 것이다.

「보수동 책방—헌책」은 세월의 흔적을 담아낸 시편이다. "먼지 쌓인 헌책을 넘기면 / 누군가의 젊은 날 / 누군가의 눈물이"라는 구절에서, 헌책은 단순한 사물이 아니라 기억의 그릇으로 변한다. 오래된 책 냄새와 빛바랜 책갈피 속에는 한 시대의 문화와 정서가 깃들어 있다. 시인은 그 속에서 자신의 지난날을 마주한다. 결국 이 시에서 헌책은 잊힌 시간을 불러내는 매개체이자 개인의 추억과 공동체의 기억을 잇는 매듭으로 형상화된다.

6. 영원의 울림

마지막 부는 시집 전체를 마무리하는 성찰의 시편 모음이다. 여기에는 삶과 죽음, 빛과 어둠, 유한과 무한의 긴장이 교차하며, 시인이 도달한 인생의 깨달음이 집약되어 있다. 앞에서 꽃과 계절, 가족과 풍경의 구체적 삶을 담았다면 이 마지막 부에서는 그 모든 여정을 거쳐 얻은 사유의 정점을 노래한다.

> 모든 것은 스쳐가도
> 한 줄 시는 남는다.
>
> 덧없음의 바람 속에
> 흩날린 꽃잎이여,
> 너는 사라져도 다시 피어난다.

나는 허공의 자리에
작은 숨결 하나 남긴다.

- 「무상」 전문

　이 시편은 덧없음 속에서 언어가 남아 존재를 증언한다는 시인의 신념을 드러낸다. "모든 것은 스쳐가도 / 한 줄 시는 남는다"라는 구절은 사라짐조차 기록의 언어로 환원되며 무상이 곧 영원의 다른 이름임을 짧은 문장으로 선명하게 보여준다. 시는 사라진 것들의 흔적을 붙드는 유일한 길이라는 강조다.

어둠을 지나온 것들은
결국 빛으로 향한다.

짙은 밤을 꿰뚫은
한 줄기의 새벽빛,
상처조차 빛이 되어
다시 길을 연다.

- 「빛으로」 전문

　이어지는 「빛으로」 시편에서는 절망과 상처마저 빛으로 전환하는 희망의 시학을 펼친다. "어둠을 지나온 것들은 / 결국 빛으로 향한다"는 선언은 인간 정신의 굳센 의지를 압축한다. "짙은 밤을 꿰뚫은 / 한 줄기의 새벽빛"은 고통

을 구원의 빛으로 승화시키는 시적 형상을 선명하게 보여
준다.

> 끝내 다다를 수 없는
> 영원의 문턱 앞에서
> 나는 오래 머문다.
>
> 돌아갈 수 없는 길,
> 멈추어 선 시간 위에
> 낯선 바람이 불어온다.
>
> 그 바람 속에서
> 사라짐의 얼굴을 배운다.
>
> —「영원의 길목에서」 전문

하지만, 「영원의 길목에서」에서 시인은 완성에 도달하지 못한 자리를 고백한다. "끝내 다다를 수 없는 / 영원의 문턱 앞에서 / 나는 오래 머문다"라는 구절은 영원에 대한 갈망과 동시에 인간적 한계를 표출한다. 그러나 그 부재는 허무가 아니라 성찰의 자리가 된다. 영원은 닿을 수 없기에 더욱 깊이 사유되고, 그 앞에서 삶은 새로운 차원으로 확장된다.

이 성찰은 자연의 구체적 형상 속에서도 나타난다. "물푸레는 두 눈을 부릅뜨고 / 우리 곁에 서 있다"(「물푸레는 두 눈을 부릅뜨고」). 상처를 껴안고도 푸른 빛을 내뿜는

물푸레나무는 침묵의 증언자이자 영속의 표상이다. 인간의 유한한 생과 대비되는 나무의 위엄은 결국 인간 역시 영원의 흐름 속에 있음을 일깨운다.

이와 함께 "흔들리는 돌 위에서도 / 길은 이어진다"(「너덜」), "햇살에 무지개를 걸었다"(「폭포·2」), "세상 모든 울음과 웃음이 / 한 목소리로 합쳐진 / 영원의 합창"(「침묵의 끝」)과 같은 구절들은 무너짐과 고독 속에서도 결국 이어지는 길과 화해의 울림을 보여준다. 별빛과 바람, 돌과 강물은 시인의 언어 속에서 영원의 조율자가 되어, 인간의 삶을 초월적 리듬으로 이끈다.

이렇게 5부의 시편들은 덧없음과 빛, 닿을 수 없는 영원, 그리고 자연의 침묵을 아우르며 이 시집의 장대한 결론을 완성한다. 삶과 죽음, 어둠과 빛, 유한과 무한이 함께 울려 퍼지는 자리에서, 시는 끝내 울림으로 남아 흐른다. 그것이 임화선 시인의 시가 보여주는 영원의 울림이다.

7. 맺음말

임화선 시인의 시집 『어머니의 강』은 꽃에서 시작해 계절과 자연을 지나, 가족과 인물을 거쳐 길 위의 풍경에 이르고, 마침내 깊은 울림의 자리에 닿는다. 1~4부가 삶의 구체적 풍경을 그려냈다면, 5부는 그 모든 여정을 건너 도달한 성찰의 세계다.

그의 시는 작고 사소한 체험에서 출발하지만 그것을 사랑과 기억, 역사와 철학으로 넓혀 간다. 꽃잎, 강물, 어머니의 손길, 별빛 같은 소재는 단순한 사물이 아니라 존재와 시간의 의미를 밝혀 주는 상징으로 다시 태어난다. 임화선 시인의 시 세계는 자연에서 인간, 역사에서 존재로 이어지는 긴 여정이며 결국 삶과 존재의 깊이를 함께 바라보는 잔잔한 사유의 길이다.

삶은 덧없고 사랑은 사라지며 계절은 흘러간다. 하지만 시는 그 모든 흔적을 품어 오래 향기를 남긴다. 꽃과 바람, 강과 별빛은 이 시집 안에서 다시 살아나 독자의 가슴에 오래 머문다. 이 시집은 단순한 작품의 모음이 아니라 시인의 생애와 정신이 길어 올린 한 줄기 깊은 숨결로 살아 있다. 그래서 이 시집은 끝이 아니라 또 다른 시작이다. 시는 언제나 끝에서 다시 길을 연다.